Inhaltsverzeichnis

Vorbemerkungen (1)

Zum Lesen allgemein, Tipps und Tricks

Viele Kinder – und auch Erwachsene – können sich Texte nur mit großer Anstrengung oder gar nicht erschließen. Die IGLU-Studie 2023 hat dies eindrucksvoll gezeigt. Lesen ist aber nicht nur der Schlüssel zu Bildung, sondern ermöglicht auch eine gleichberechtigte Teilhabe am Alltag. Wer nicht lesen kann, kann zum Beispiel keine Straßenschilder entziffern oder nicht so einfach Bus fahren, weil der Fahrplan nicht entschlüsselt werden kann. Selbst das Unterschreiben von Dokumenten kann nicht oder nicht adäquat erfolgen, weil der dazugehörige Text nicht gelesen werden kann. Und nicht zuletzt entfällt die gesamte Welt an Comics, Romanen und Krimis, die den Blickwinkel erweitern und die Fantasie anregen – und auch die Fähigkeit des Entschlüsselns informativer Texte und damit die Möglichkeit, sich Wissen anzueignen.
Gerade lebensnahe, spannende und auf die Lebenswelten von Kindern zugeschnittene Texte sind der Grundstein für den Erwerb von Lesekompetenzen. Es gibt also Gründe genug, solche Texte Einzug in den Unterricht finden zu lassen! Im Zuge der IGLU-Studie soll Leseförderung nun fächerübergreifend fest im Unterricht verankert werden. Drei- bis fünfmal pro Woche sollen die Schüler*innen je 20 Minuten lang lesen – unabhängig vom Deutschunterricht. Dies stärkt nachweislich das flüssige Lesen, die Dekodierfähigkeit von Wörtern und das Leseverständnis.
Das vorliegende Material enthält Sachtexte rund um die Jahreszeiten und ist auf die Lebenswelt der Kinder ausgelegt. So wird neben der Lesefähigkeit auch das Sachwissen erweitert und gestärkt.
Die Sachtexte können an aktuelle Unterrichtsthemen angeknüpft werden und verbinden so die Leseförderung mit dem Lehrplan im Bereich Sachunterricht. Lautlesen im Tandem oder im Klassenverband als chorisches Lesen kann in Abstimmung mit dem Deutschunterricht auch im Sachunterricht als Teil der regelmäßigen Leseförderung (zum Beispiel 3-mal 20 Minuten pro Woche) umgesetzt werden.
Die Sachtexte sind mit der Anzahl der Wörter beschriftet und eignen sich vor allem für die 2. bis 4. Klasse. Das Material eignet sich ebenso für DaZ-Kinder sowie Kinder mit LRS.

Ermittlung der Lesegeschwindigkeit und -genauigkeit

Eine gute Vorbereitung der Leseförderung seitens der Lehrkraft ist besonders wichtig. Diese sollte zunächst die Lesegeschwindigkeit und -genauigkeit der Schüler*innen ermitteln. Dazu kann sie die Schüler*innen bspw. eine Minute lang den jeweils gleichen Text lesen lassen und markiert sich dabei alle falsch oder holperig gelesenen Wörter. Anhand dessen teilt sie die Klasse in zwei Gruppen ein: Die erste Gruppe setzt sich aus dem*der schnellsten und besten Leser*in bis zum oberen Mittelfeld zusammen und die zweite Gruppe aus dem unteren Mittelfeld bis zum*zur schwächsten Leser*in. Anhand dieser Einteilung können die Kleingruppen (3 – 6 Schüler*innen) für die im Anschluss vorgestellten Methode zusammengestellt werden.

Vorbemerkungen (2)

Tandemlesen

Beim **Tandemlesen** finden sich immer zwei Schüler*innen zusammen. Sie bestehen aus **einem stärkeren und einem schwächeren Leser,** die „Trainer“ und „Sportler“ sind. Es bietet sich an, aus den beiden Gruppen jeweils die Kinder mit den besten Lesefähigkeiten zu kombinieren, dann die etwas schwächeren und so weiter. So ist das Leistungsgefälle zwischen den Schüler*innen nicht zu groß. Auf diese Weise werden alle Paare zusammengestellt.

Die Schüler*innen erhalten einen Text und **lesen ihn gemeinsam laut.** Dabei fährt der Trainer den Text mit dem Finger nach und passt sich dem Lesetempo des Sportlers an. Bei Fehlern verbessert der Trainer den Sportler und unterstützt ihn. Hat der Sportler einen Fehler gemacht, wird der Satz erneut gelesen und das falsch gelesene Wort verbessert. Wenn der Sportler sich sicher fühlt, gibt er dem Trainer ein Zeichen und liest allein weiter – bis er erneut einen Fehler macht. Dann steigt der Trainer wieder mit ein, bis der Sportler allein weiterlesen möchte. **So wird der Text insgesamt mindestens viermal gelesen.** Dadurch prägen sich die Wörter besser ein und können später auch in anderen Texten leichter dekodiert werden. Durch das laute Lesen werden Fehler direkt sichtbar gemacht und können verbessert werden. Ein besonders wichtiger Punkt ist das **Loben:** Hat der Sportler gut gelesen und seine Leistung verbessert, ist der Trainer angehalten, ihn zu loben.

Leserakete: Dies ist eine Lesehilfe für die Kinder. Wenn sie auf festeres Papier kopiert und ausgeschnitten wird, hilft sie dabei, in der Zeile zu bleiben und Wort für Wort zu lesen.

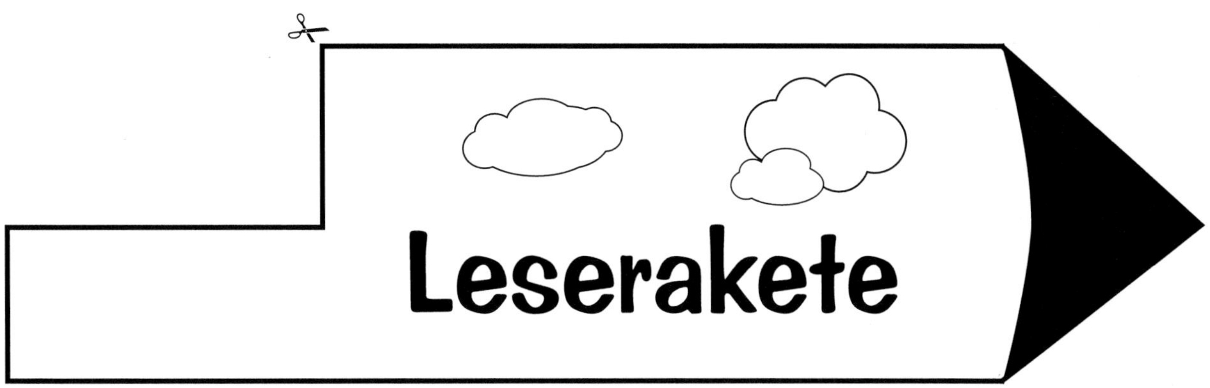

Anmerkung: Liebe Lehrkraft, wir möchten in unseren Materialien niemanden benachteiligen oder diskriminieren. Daher nutzen wir unter anderem das Gendersternchen, um alle Geschlechter anzusprechen. In Texten für Schüler*innen verzichten wir jedoch aus Gründen der besseren Lesbarkeit darauf und nutzen weiterhin entweder die „neutrale“ Form oder Doppelformen. Selbstverständlich sind stets alle Geschlechter gemeint.

Lesepass

✂ Schneide die Seiten aus und hefte sie hintereinander.

Lesepass

Name: ______________________

15 Minuten gelesen am	gelesen mit / Unterschrift

15 Minuten gelesen am	gelesen mit / Unterschrift

15 Minuten gelesen am	gelesen mit / Unterschrift

Ostern

116 Wörter

FRÜHLING

Ostern ist das höchste Fest der Christen.
Sie feiern die Auferstehung Jesu Christi.
Einige der Osterbräuche kommen
aber nicht vom Christentum.

Bereits unsere Vorfahren, die Germanen,
feierten im Frühling ein großes Fest.
Manche vermuten, dass es der germanischen Frühlingsgöttin
Ostara geweiht war.
Möglicherweise kommt daher auch die Bezeichnung
unseres Osterfestes.
Schon zu germanischer Zeit wurden der Göttin Ostara
Hasen geopfert.

Auch das Ei war ein besonderes Symbol.
Es steht als Zeichen für neues Leben:
An Bäumen und Sträuchern springen die Knospen auf,
alles wird wieder grün.
Viele Tiere bekommen im Frühling ihre Jungen.

In vielen Gegenden finden wir Osterbräuche,
in denen das Ei eine Rolle spielt.
So gibt es Spiele mit hartgekochten Eiern
wie das Eierticken.

Tiere und Pflanzen im Teich

131 Wörter

F R Ü H L I N G

Wenn im Frühling die Sonne das Teichwasser erwärmt,
erwachen viele Tiere aus ihrer Winterstarre.
Du kannst wieder viele Fische im Wasser sehen.

In der Dämmerung morgens und abends hüpfen
die Frösche und Kröten am Ufer umher.
Sie suchen ihre Laichplätze auf.
Vielleicht entdeckst du auch schon einen kleinen Teichmolch.
Die Enten beginnen, ihre Nester zu bauen und zu brüten.

Bald sieht das Ufer auch nicht mehr so kahl aus.
Die Uferpflanzen wachsen nun wieder.
Noch ist das Schilf nicht sehr hoch.
Aber du erkennst schon zwischen den braunen Stängeln
vom letzten Jahr viele neue grüne Triebe.

Die ersten Blätter der Seerose schwimmen an ihren langen
Stängeln schon auf dem Teich. In einigen Wochen beginnt
die Pflanze wunderschön zu blühen.

Die vielen Pflanzen am Teichufer bieten den kleinen Tieren
einen guten Unterschlupf.

Die Frühlingsmonate

121 Wörter

Das Jahr ist in Monate geteilt. Sie heißen im Jahresverlauf: Januar, Februar, März, April, Mai, Juni, Juli, August, September, Oktober, November, Dezember.
Der Frühling ist die Jahreszeit, in der die Natur wieder erwacht und alles anfängt zu wachsen.

Die Monate haben ihre Namen schon in römischer Zeit erhalten.
Unseren ersten Frühlingsmonat benannten die Römer nach ihrem Kriegsgott Mars.
Es war damals der erste Monat im römischen Kalender.
Heute heißt der Monat März.

Auch die Monatsnamen April und Mai haben ihren Ursprung im römischen Kalender.
Bereits die Römer widmeten den April der Schönheit der vielen Blüten, die nun überall sprießen.
Der Mai hat seinen Namen von der römischen Frühlingsgöttin Maia.

Der letzte Frühlingsmonat war der Göttin Juno geweiht.
Er heißt heute Juni.

F R Ü H L I N G

Hase oder Kaninchen

154 Wörter

Hasen und Wildkaninchen sind typische Wildtiere
unserer Heimat.
Sie werden leicht verwechselt.
Dabei kann man sie an einigen Merkmalen
gut unterscheiden.

Hasen haben lange Ohren, die der Jäger Löffel nennt.
Sie sind größer als Kaninchen und ungefähr doppelt so schwer.
Das kleine Stummelschwänzchen heißt in der Jägersprache
bei Hasen und Kaninchen Blume.
In einer Bodenmulde kommen im späten Frühling
drei bis fünf Hasenjunge zur Welt.
Die Häsin kann pro Jahr drei- bis viermal werfen.
Die Junghasen haben bereits bei ihrer Geburt ein dichtes Fell
und können sehen.

Wildkaninchen haben kürzere Ohren
und kürzere Hinterbeine als Hasen.
Das Kaninchen baut sich eine unterirdische Höhle,
in der seine Jungen zur Welt kommen.
Wildkaninchen können fünf- bis sechsmal pro Jahr werfen.
Pro Wurf werden vier bis acht Jungtiere geboren.
Die Kaninchenjungen sind zunächst nackt und blind.
Ihr Fell beginnt erst nach zehn Tagen zu wachsen.
Nach etwa drei Wochen verlassen sie ihre Höhle
und werden bald selbstständig.

Die Tulpe

159 Wörter

Sicherlich hast du schon oft Tulpen gesehen.
Im Frühling blühen sie leuchtend rot in unseren Gärten
und Parkanlagen.
Es gibt aber auch gelbe, weiße und mehrfarbige Tulpen.
Sie blühen so früh im Jahr,
weil sie aus einer Zwiebel wachsen.
Diese ist wie eine kleine Vorratskammer,
in der viele Nährstoffe stecken.
Diese Nährstoffe braucht die Pflanze zum Wachsen.

Äußerlich wird die Zwiebel von der Zwiebelhaut geschützt.
Darunter liegen die Zwiebelscheiben.
In der Mitte befindet sich der Spross.
Daraus wachsen im Frühling die Blätter
und Blüten der Blume.
Durch die Wurzeln nimmt die Pflanze Wasser aus der Erde auf.

Das Wachstum verbraucht die Nahrungsvorräte,
die in den Zwiebelscheiben gelagert sind.
Dadurch schrumpft die Zwiebel immer mehr zusammen.
Schließlich sind alle Nahrungsvorräte aufgebraucht.

Gleichzeitig entwickeln sich aber auch schon Tochterzwiebeln.
Wenn die oberirdische Pflanze keine Vorräte mehr
für ihr Wachstum braucht, werden die Tochterzwiebeln
im Verlauf des Jahres immer größer.
Im nächsten Frühjahr bringen sie dann eine oder
zwei neue Tulpen hervor.

Der Löwenzahn

142 Wörter

F R Ü H L I N G

Im Frühling ist die Wiese übersät mit vielen gelben Blüten.
Hier wächst der Löwenzahn.
Weil die leuchtend blühenden Löwenzahnpflanzen
so schön aussehen, haben sie auch die Bezeichnungen
Laternenblume und Lampenblume.
Die deutsche Bezeichnung ist aber Löwenzahn oder Kuhblume.

Die Pflanze hat noch viele andere Namen:
Bei Gärtnern ist sie nicht immer beliebt.
Sie nennen sie deshalb auch Teufelsblume oder Kettenblume.
Zu ihrem Namen Kuhblume kam die Pflanze,
weil sie auf den Viehweiden blüht
und von den Kühen gefressen wird.
Der Milchsaft im Stängel des Löwenzahns
erinnert an Kuhmilch, obwohl er giftig ist!
So kam der Löwenzahn auch zu den Namen Milchblume,
Milchdistel und Milchbusch.

Auf seine gelben, buschigen Blüten beziehen sich folgende
Bezeichnungen: Sonnenblume, Butterblume, Butterstock
und Goldblume.

Alle Kinder kennen den Löwenzahn.
Sie machen es dem Wind nach und pusten die reifen Samen weg
und haben wohl die Bezeichnung Pusteblume erfunden.

Schmetterlinge

170 Wörter

Schmetterlinge gehören zu den Insekten.
Du findest sie im Garten, in Wiesen und Parks.
Sie flattern von Blume zu Blume und trinken den Nektar.
Dabei bleibt auch Blütenstaub an ihren Beinen hängen.
Den tragen sie zur nächsten Blume, die dadurch bestäubt wird.

Besonders auffällig sind bei den meisten Schmetterlingsarten
ihre bunten Flügel.
Sie sind mit tausenden von Schuppen bedeckt
und haben oft große Augenmuster.
Besonders das Tagpfauenauge kann man an den
augenförmigen Mustern erkennen.
Der Kleine Fuchs hat große und kleine Augenmuster
und oben spitz zulaufende Flügel.

Beim Zitronenfalter schreckt die leuchtend gelbe Farbe
Fressfeine ab.
Da er ansonsten kaum Muster auf den Flügeln hat,
ist er auf vielen gelben Blüten gut getarnt.
Gut erkennbar ist auch der Schwalbenschwanz,
der deutliche Spitzen unten an den Flügeln hat.

Im Winter überleben viele Falterarten bei uns
als Ei oder Puppe.
Manche Schmetterlinge überleben die kalte Jahreszeit als Falter.
Sie verkriechen sich an einem frostsicheren Ort
und verfallen dort in eine Winterstarre.
Wenn die Sonne im Frühling warm scheint,
werden sie wieder aktiv.

Bienen

Bei den Bienen unterscheiden wir nach Wildbienen und Honigbienen.
Am besten kennen wir die Honigbiene.
Sie ist kein Wildtier mehr.
Der Mensch hat sie schon vor mehreren tausend Jahren zu seinem Nutztier gemacht.
Sie lebt in einem Bienenvolk und wird vom Imker gepflegt.

In solch einem Bienenvolk leben bis zu 60 000 Bienen zusammen.
Pro Volk gibt es aber nur eine Königin, je nach Bedarf Drohnen und viele Arbeiterinnen.
Die Königin ist etwas größer als die anderen Bienen.
Sie kann bis zu fünf Jahre alt werden.
Ihre Aufgabe ist es ausschließlich, Eier zu legen.
Damit immer genug Arbeitsbienen nachwachsen, legt die Königin täglich bis zu 1 500 Eier.
Jedes Ei wird in eine gesonderte Wabenzelle gelegt.
Darin entwickelt sich aus dem Ei erst eine Larve und schließlich eine Puppe.
Nach 21 Tagen schlüpft aus der Puppe eine neue Biene.

Drohnen sind männliche Bienen.
Sie schlüpfen nur, um eine Bienenkönigin zu befruchten.
Ansonsten haben sie keine Aufgabe im Bienenvolk.
Deshalb werden sie von den Arbeiterinnen erstochen, wenn die Königin befruchtet ist.

Die Arbeiterinnen haben viele verschiedene Aufgaben:
Sie bauen und reinigen die Wabenzellen.
Sie füttern die Larven mit Honig und bewachen den Bienenstock.
Und sie sammeln natürlich den Nektar aus den Blüten, um daraus Honig zu machen. Die Arbeiterinnen werden nur einige Wochen alt, dann sterben sie.

Der Marienkäfer

195 Wörter

Die meisten Marienkäfer bei uns haben zwei oder sieben Punkte.
Die Punkte verraten jedoch nicht das Alter der Käfer.
Das hängt einfach von der Art ab.
Die roten Zweipunkt- und Siebenpunkt-Marienkäfer
sind bei uns häufig zu finden.
Seltener finden wir den 22-Punkt-Marienkäfer.
Er ist gelb und hat schwarze Punkte.
Die leuchtend rote oder gelbe Farbe der Flügeldecken ist eine Schutzfarbe.
Sie soll Feinde abschrecken.

Marienkäfer sind sehr nützliche Tiere.
Sie fressen Blattläuse, die Pflanzenschädlinge sind.
Ein Marienkäfer frisst pro Tag bis zu 100 Blattläuse.

Marienkäfer vermehren sich schnell.
Das Weibchen sucht sich Pflanzen, auf denen Blattläuse leben.
Dort legt es mehrere hundert Eier ab.
Einige Wochen später schlüpfen die kleinen Larven.
Sie ernähren sich auch schon von den Läusen.
Eine Marienkäferlarve frisst in den drei Wochen als Larve
etwa 500 Blattläuse.
Danach verpuppt sie sich und entwickelt sich zu einem Marienkäfer.
Wenn ein Marienkäfer aus seiner Puppenhülle schlüpft, ist er zunächst gelb.
Erst nach einigen Stunden wird er rot
und bekommt seine schwarzen Punkte.

Den Winter verbringen die Marienkäfer in Gruppen
zusammengekauert unter Baumrinden.
Sie verfallen dort in eine Kältestarre und bewegen sich nicht.
Erst wenn im Frühling wieder die Sonne scheint, werden sie aktiv.

Die Amsel

202 Wörter

F R Ü H L I N G

Hörst du das Zwitschern der Vögel?
Sie singen ihre Lieder, denn auch sie genießen den Sonnenschein
und die Wärme nach dem kalten Winter.
Ihr Gezwitscher hört sich aber nicht nur für uns schön an.
Die Männchen locken durch ihren Gesang auch häufig die Weibchen an.
So singt das Amselmännchen besonders am frühen Morgen
und in der Abenddämmerung.

Dann können wir die Amseln paarweise im Garten beobachten.
Das Männchen hat ein tiefschwarzes Gefieder,
das Amselweibchen ist braun gefärbt.
Im Winter frisst die Amsel Obst und Beeren am Futterhäuschen.
Ansonsten ernähren sich Amseln von Würmern und Insekten.
Besonders geschickt sind sie darin,
Regenwürmer aus dem Boden herauszuziehen.

Im Frühling bauen die Amseln in einem Strauch ihr Nest.
Das Amselweibchen legt vier bis sechs Eier hinein,
die sie in den nächsten zwei Wochen allein ausbrütet.

Wenn die Jungen schlüpfen, haben sie noch keine Federn.
Beide Eltern sind nun sehr beschäftigt, die Kleinen zu wärmen
und mit Maden und Raupen zu füttern.

Nach etwa zwei Wochen haben die Kleinen ein Flaumfederkleid.
Nun verlassen sie auch bald das Nest.
Am Boden verhalten sich die Jungvögel ruhig
und verstecken sich unter Sträuchern.
Hier werden sie noch von den Eltern gefüttert,
bis sie sich selbst versorgen und fliegen können.

Der Regenbogen

Weißt du eigentlich, wie ein Regenbogen entsteht?
Du meinst, dass das Sonnenlicht gelb oder weiß ist.
Das ist ein Irrtum!
Das Sonnenlicht setzt sich aus verschiedenen
Farben zusammen.
Du kannst es zum Beispiel deutlich
in der Abenddämmerung sehen.
Wenn die Sonne untergeht, erscheint sie oft leuchtend rot.

Wenn es regnet und gleichzeitig die Sonne scheint,
brechen die Regentropfen das Sonnenlicht
und jede einzelne Farbe wird sichtbar.
Der Regenbogen ist am Himmel genau gegenüber
der Sonne zu sehen.
Die Farben sind immer gleich:
außen Rot, dann Orange, Gelb, Grün, Blau, Violett.

Gewitter

109 Wörter

Besonders im Sommer entsteht häufig ein Gewitter.
Durch die Sonneneinstrahlung bildet sich feuchtwarme Luft über der warmen Erde.

Diese steigt nach oben.
Deshalb empfinden wir die Luft vor einem Gewitter meistens als unangenehm drückend und warm.
Der aufsteigende Wasserdampf kühlt ab, je höher er aufsteigt.
Er bildet die typischen Gewitterwolken.

Innerhalb dieser Wolken herrschen kräftige Aufwinde und Abwinde.
Die Wassertröpfchen in den Wolken werden stark durcheinandergewirbelt.
Dabei entstehen elektrische Spannungen, die sich als Blitze entladen.
Während des Gewitters kommt meistens starker Wind auf, der heftigen Regen mit sich bringt.
Manchmal hagelt es sogar.
Schon kurz nach dem Gewitter ist der Himmel aber wieder blau und der Wind legt sich.

Die Sommer-Sonnenwende

118 Wörter

S O M M E R

Die Sommersonnenwende fällt auf den 21. Juni
und die anschließende Nacht zum 22. Juni.
Das ist der längste Tag und die kürzeste Nacht im Jahr
auf der nördlichen Halbkugel.
An diesem Tag beginnt auch im Kalender der Sommer.

Die Sonnenwende wird an vielen Orten mit Feiern begangen.
Dieser Brauch geht auf alte Zeiten zurück und ist heute
besonders in Schweden noch erhalten.
Dort wird an dem Wochenende nach dem
21. Juni der Mittsommer gefeiert.

In allen schwedischen Orten werden
dann Mittsommerbäume aufgestellt.
Sie bestehen aus einem Baumstamm und einem Querbalken,
der mit Kränzen, Girlanden und vielen Blumen geschmückt wird.
Um den Mittsommerbaum wird dann getanzt,
gespielt und reichlich gegessen.

In einigen Gegenden ist es auch üblich,
Sonnenwendfeuer anzuzünden.

Die Schwalbe

140 Wörter

Die Schwalbe gilt schon seit langer Zeit als Sommerbote.
„Mit den Schwalben kommt der Sommer“, sagte man früher.
Wir können die Schwalben hier bei uns von Frühling
bis Spätsommer beobachten.
Sie gleiten elegant durch die Luft.
Mal segeln sie hoch oben in der Luft, mal fliegen sie ganz
knapp über dem Boden.

„Wenn die Schwalben niedrig fliegen, werden wir bald
Regen kriegen.“
So lautet eine alte Wetterregel.
Dieser Wetterspruch ist leicht zu erklären:
Schwalben ernähren sich von Fluginsekten wie
Mücken, Fliegen, Falter und Käfer.
Sie erbeuten ihre Nahrung in der Luft.
Wenn nun Gewitter oder Regen aufkommt,
fliegen die Insekten tiefer als bei klarem Sonnenwetter.
Das hat mit dem Luftdruck zu tun.
Die Schwalben folgen ihnen und
fliegen deshalb bei schlechtem Wetter niedriger.

Es gibt weltweit ungefähr 75 Schwalbenarten.
Bei uns sind vor allem die Rauchschwalbe
und die Mehlschwalbe beheimatet.

Warum ist es im Sommer warm?

165 Wörter

Unsere Erde umkreist die Sonne auf einer Erdumlaufbahn.
Eine Umkreisung dauert ein Jahr.
Dabei dreht sich die Erde auch um die eigene Achse.
Dadurch entsteht der Wechsel zwischen Tag und Nacht.
Die Seite der Erde, die von der Sonne angeleuchtet wird,
ist hell.
Dort ist es Tag.
Die Seite der Erde, die von der Sonne nicht angeleuchtet wird,
ist dunkel.
Dort ist es Nacht.

S
O
M
M
E
R

Nun wissen wir, dass bei uns Tag
und Nacht nicht immer gleich lang sind.
Im Sommer wird es schon sehr früh hell
und die Sonne geht abends auch erst spät unter.
Das ist so, weil die Erdachse schräg zur Ebene
der Erdumlaufbahn liegt.
So ist die Nordhalbkugel der Erde, auf der wir wohnen,
im Sommer näher an der Sonne als im Winter.
Weil durch die Neigung die Sonneneinstrahlung intensiver ist,
ist der Sommer die wärmste der vier Jahreszeiten.
Auf der Südhalbkugel, zum Beispiel in Südamerika,
Australien und Neuseeland,
ist es genau umgekehrt.
Dort ist es Sommer, wenn bei uns Winter ist.

Die Sommermonate

80 Wörter

Das Jahr ist in Monate eingeteilt.
Sie heißen im Jahresverlauf: Januar, Februar, März, April, Mai, Juni, Juli, August, September, Oktober, November, Dezember.
Der Sommer ist die wärmste Jahreszeit.

Die Monate haben ihre Namen schon in römischer Zeit erhalten: Julius Cäsar war im Alten Rom ein mächtiger Herrscher.
Zu seinen Ehren wurde ein Monat benannt:
Der Monat des Julius heißt heute Juli.

Nach dem römischen Kaiser Augustus ist der Monat August benannt.

Der neunte Monat verabschiedet den Sommer und heißt September.

Ein Igeljahr

Im Frühling erwacht der Igel aus seinem Winterschlaf.
Er ist dünn geworden und muss nun Futter suchen.

Im Sommer bekommt das Igelweibchen drei bis sieben Junge.
Die Igelkinder bleiben ungefähr 50 Tage bei der Mutter.

Im Herbst muss der Igel viele Käfer, Würmer,
Früchte und Schnecken fressen.
So bekommt er ein dickes Fettpolster.

Im Winter hält der Igel in einem trockenen Versteck
seinen Winterschlaf.
Seine Atmung und sein Herzschlag werden langsamer.
Er lebt von seinen Fettvorräten,
bis er durch die warme Frühlingssonne wieder aktiv wird.

Eichhörnchen

Im Wald und in unseren Gärten findet das Eichhörnchen seine Nahrung:
Tannensamen und Fichtensamen, Nüsse, Pilze, Beeren, Vogeleier, Insekten und Raupen.

Im Herbst versteckt es an vielen Stellen Nahrungsvorräte für den Winter.

Die Winterruhe hält das Eichhörnchen in seinem kugelförmigen Nest.
Man nennt es Kobel.
Dort schläft es an kalten Tagen.
Wenn es aufwacht, holt es Vorräte aus seinen Verstecken.

Weil sich das Eichhörnchen nicht an alle Verstecke erinnert, wachsen neue Bäume aus den Nüssen.

Im Sommer werden die Jungen im Kobel geboren.
Sie werden nach zwei Monaten selbstständig.

Zugvögel

H E R B S T

Viele Vogelarten sind bei uns in Mitteleuropa heimisch.
Einige kannst du das ganze Jahr über beobachten.
Andere verbringen bei uns nur den Sommer.
Verschiedene Vogelarten ernähren sich von Insekten und kleinen Tieren, wie zum Beispiel Fröschen.
Sie würden im Winter bei uns nicht mehr genügend Futter finden.

Im Spätsommer oder im Herbst fliegen sie in wärmere Länder, um dort zu überwintern.
Einige Vogelarten haben ihre Winterquartiere in Südeuropa oder Nordafrika.
Die Störche fliegen sogar bis in den Süden Afrikas.
Diese Vogelarten nennen wir Zugvögel.
Ihre Heimat haben sie aber bei uns, weil sie hier ihre Nester bauen und ihre Jungen aufziehen.
Vögel, die rund um das Jahr bei uns heimisch sind, nennen wir Standvögel.

Die Herbstmonate

143 Wörter

Das Jahr ist in Monate eingeteilt.
Sie heißen im Jahresverlauf: Januar, Februar, März,
April, Mai, Juni, Juli, August,
September, Oktober, November, Dezember.

H E R B S T

Der Herbst ist die windigste und nebligste Jahreszeit.

Die Monate haben ihre Namen schon in römischer Zeit erhalten.
Septem kommt aus der lateinischen Sprache und heißt sieben.

Nun handelt es sich hier aber um unseren neunten Monat.
Und das kommt so:
Für die Römer begann das Jahr im März,
unserem dritten Monat.
Als der Kalender geändert wurde
und das Jahr im Januar begann,
wurden die römischen Namen beibehalten.

So heißt unser neunter Monat September,
weil er eigentlich der siebte Monat war.
Auch die anderen Herbstmonate haben „falsche“ Namen:

okto heißt acht und gibt unserem 10. Monat seinen Namen:
Oktober.

novem heißt neun und gibt unserem 11. Monat den Namen:
November.

decem heißt zehn und gibt unserem zwölften Monat den Namen:
Dezember.

Bunte Blätter

H
E
R
B
S
T

Die Laubbäume rüsten sich für den Winter.
Es würde viel Energie verbrauchen,
wenn sie ihre Blätter behalten würden.
Auch diese müssten mit Nahrung versorgt
und vor dem Erfrieren geschützt werden.
Es ist aber wichtiger, dass Wurzeln, Stamm und Äste überleben.
Also wirft der Baum im Herbst alle Teile ab,
die er im Winter nicht braucht.

In den Blättern stellt der Baum einen Teil seiner Nahrung her.
Die Blätter enthalten Chlorophyll, das ist das Blattgrün.
In Verbindung mit dem Sonnenlicht liefert
das Chlorophyll Nahrung für den Baum.
Im Herbst saugt der Baum das Chlorophyll aus den Blättern.
Er speichert es in Stamm und Ästen als Nahrungsvorrat
für den Winter.
Nun ist immer weniger Blattgrün in den Blättern,
bis es ganz entzogen wird.
Dabei werden die Blätter langsam gelb und rot.
Das waren sie auch vorher.
Wir haben diese Farben nur nicht sehen können,
weil sie von Chlorophyll überdeckt wurden.

Braun werden die Blätter erst danach.
Sie verlieren Feuchtigkeit und vertrocknen schließlich ganz.
Das geschieht manchmal noch am Baum oder erst,
wenn das Laub am Boden liegt.
Dort ist es aber auch noch nützlich.
In Laubhaufen finden viele kleine Tiere Schutz vor der Winterkälte.
Außerdem wird das Herbstlaub auch durch Kompostierung
wieder zu nährstoffreichem Boden, dem Humus.

Halloween

187 Wörter

H E R B S T

Halloween wird in der Nacht vom 31. Oktober
auf den 1. November gefeiert.
Diesen Brauch haben wir aus den USA übernommen,
wo Partys und Straßenumzüge stattfinden.

Das Fest soll seinen Ursprung aber bereits vor
über 2 000 Jahren haben,
also in vorchristlicher Zeit bei den Kelten.
Dieser Volksstamm lebte im heutigen Irland,
in Großbritannien und Nordfrankreich.
Die Kelten feierten ihren Neujahrstag am 1. November.
Sie glaubten, dass am Vortag, also am 31. Oktober,
die Geister der Verstorbenen zur Erde zurückkehren würden.

Sie kleideten sich wie die Geister und boten ihnen Essen an,
um sie freundlich zu stimmen und zum Verschwinden zu überreden.
Später bekam das Fest einen christlichen Sinn.
Am 1. November feiern die Christen *All Hallows,* also Allerheiligen.
Aus der Bezeichnung des Vorabends – *All Hallows Evening* –
wurde die heutige Bezeichnung Halloween.
Irische Auswanderer brachten die Halloween-Tradition
mit in die USA.

Besonders die Kinder freuen sich auf dieses Fest.
Als Hexen, Vampire, Skelette oder Gespenster
verkleidet ziehen sie mit Kürbislaternen durch die Straßen.
Sie rufen: „Süßes oder Saures!"
und sammeln Süßigkeiten in der Nachbarschaft.
Wenn jemand ihren Wunsch nicht erfüllt,
so spielen sie ihm einen kleinen Streich.

St. Martin

HERBST

Martin lebte vor langer Zeit.
Damals waren die Römer die Herrscher der Welt,
wie auch schon zu der Zeit als Jesus lebte.
Martin wurde im Jahre 316 nach Christus
in einer römischen Provinz,
dem heutigen Ungarn, geboren.
Sein Vater war Offizier in der römischen Armee.
Martin kam mit fünfzehn Jahren zu den römischen Soldaten.
Er wurde bald mit seiner Truppe nach Frankreich
in die Stadt Amiens versetzt.
Martin jedoch hatte keine Freude am Krieg.
Er war immer freundlich zu allen Menschen und sehr hilfsbereit.

An einem Winterabend war Martin wieder einmal unterwegs
auf seinem Pferd.
Da bemerkte er einen Bettler am Wegesrand.
Der Mann hob seine Arme: „Bitte helft mir! Gebt mir etwas!“
Aber niemand beachtete ihn.
Martin ritt nicht vorbei.
Er konnte dem Bettler kaum etwas geben.
Denn er hatte bereits alles verschenkt, was er besaß.
Aber ein Stück seines weiten Offiziersmantels konnte
diesen armen Mann vor der Kälte schützen
und ihn so vor dem Tod bewahren.
Also zerschnitt Martin seinen Mantel
und gab die eine Hälfte dem Bettler.

Heute noch erinnern wir uns an diesem Tag an den heiligen Martin,
wenn wir mit unseren Laternen von Haus zu Haus ziehen
und das Martinsfeuer entzünden.

Erntedank / Thanksgiving Day

160 Wörter

H E R B S T

Das Erntedankfest ist eines der ältesten Feste.
In vielen Religionen und Kulturen feierten die Menschen schon vor langer Zeit eine gute Ernte.

Die Israeliten des Alten Testaments feierten bereits ein Erntedankfest, das Laubhüttenfest.
Es wird noch heute von den Juden so gefeiert.

Der Thanksgiving Day ist in den USA und in Kanada ein Feiertag, der aus dem Erntedankfest entstanden ist.

Vor über 400 Jahren segelten englische Auswanderer nach Nordamerika.
Dort begannen sie ein neues Leben.
Die Ureinwohner zeigten den neuen Siedlern, wie man Getreide und Gemüse anbaut.
Sie brachten ihnen auch bei, wie man Fleisch und Fisch räuchert.
So hatten sie eine gute Ernte, konnten Vorräte für den Winter anlegen und in der neuen Heimat überleben.

Deshalb feierten die Siedler gemeinsam mit den Ureinwohnern ein großes Dankesfest.
Heute wird Thanksgiving immer am vierten Donnerstag im November gefeiert.
Das traditionelle Essen besteht aus Truthahn mit Mais und Kartoffeln.
Als Familienfeiertag ist der Thanksgiving Day in den USA wichtiger als das Weihnachtsfest.

Winter bei uns

Im Winter sind die Bäume kahl und es blühen kaum Blumen.
Es wird kälter und es regnet häufiger.
Wir ziehen uns warm an, damit wir nicht frieren:
eine dicke Jacke mit Mütze, Schal und Handschuhen.

Es ist auch eine dunklere Jahreszeit.
Denn morgens geht die Sonne später auf
und abends geht sie früher unter.
Am Himmel sehen wir die Sterne besonders gut leuchten.
In der Wohnung stellen wir Lichter und Kerzen auf.

Wenn es im Winter schneit, freuen wir uns.
Dann können wir einen Schneemann bauen
und Schlitten fahren.
Auch eine Schneeballschlacht macht Spaß!

W
I
N
T
E
R

Die Wintermonate

102 Wörter

W I N T E R

Das Jahr ist in Monate eingeteilt. Sie heißen im Jahresverlauf: Januar, Februar, März, April, Mai, Juni, Juli, August, September, Oktober, November, Dezember. Die Monate Dezember, Januar und Februar gehören zur kältesten Jahreszeit, dem Winter.

Die Monate haben ihre Namen schon in römischer Zeit erhalten:

Der Januar hat seinen Namen vom römischen Gott Janus.

Der Februar ist der kürzeste Monat im Jahreskreis. Er hat nur 28 Tage, in einem Schaltjahr 29 Tage.

Zum Winterende werden die Tage wieder heller. Zum Ende des Winters und mit Beginn des Frühlings ist die helle Tageszeit mit 12 Stunden bereits wieder genau so lang wie die Nacht.

Eis und Schnee

146 Wörter

WINTER

Eis ist nichts anderes als gefrorenes Wasser.
Das weißt du! Aber wie bildet sich Schnee?
Das lässt sich leicht erklären:

Wolken bestehen aus verdunstetem Wasser.
Wenn es in hohen Luftschichten sehr kalt ist,
bilden sich in den Wolken Eiskristalle.

Regnet die Wolke dann ab, fallen diese Eiskristalle zu Boden.
Da Eiskristalle immer eine sternförmige Grundform mit
sechs Strahlen haben, können sie sich gut aneinanderhaken.
Viele Eiskristalle bilden eine Schneeflocke.
Und viele Schneeflocken verwandeln unseren Garten
in eine weiße Winterlandschaft.

Wozu ist Schnee wichtig?
Du meinst, damit die Kinder rodeln
und Schneemänner bauen können?
Nein – das macht zwar Spaß,
aber wirklich wichtig ist es nicht.

Schnee ist für die Pflanzen wichtig.
Sie werden durch die Schneedecke vor Kälte geschützt.
Zwischen den unzähligen Eiskristallen, die den Schnee bilden,
ist in der lockeren Schneeschicht auch viel Luft.
Diese winzig kleinen Luftpolster schützen die Pflanze
vor Kälte und eisigen Winden.

Tiere im Winter

200 Wörter

Die größeren Wildtiere, die in unseren Wäldern leben,
sind winteraktiv.
Sie halten weder einen Winterschlaf noch eine Winterruhe.
Die Förster füttern die Rehe, Hirsche und Wildschweine.
Sie legen ihnen Heu, Eicheln und Kastanien in Futterkrippen im Wald.

Der Fuchs ernährt sich von Hasen und Mäusen,
die er in der Nähe der Menschen findet.
Die Hausmaus hält nämlich im Gegensatz zur Feldmaus
keinen Winterschlaf.
Sie sucht nach Nahrungsabfällen der Menschen.
Auch unsere heimischen Standvögel sind winteraktive Tiere.
Wir füttern sie mit Körnern und Fettfutter.

Igel, Siebenschläfer und Fledermäuse beginnen
im Spätherbst ihren Winterschlaf.
Ihre Körperfunktionen, wie Atmung und Herzschlag,
verlangsamen sich stark.
Im Schlaf brauchen sie die Fettvorräte auf,
die sie sich im Sommer und Herbst angefressen haben.
Im Frühling wachen sie abgemagert wieder auf.

Reptilien und Amphibien, wie Frösche,
Schlangen und Eidechsen, überwintern in einer Winterstarre.
Sie vergraben sich an einem frostsicheren Ort,
zum Beispiel im Schlamm eines Weihers.
Im Frühjahr steigt ihre Körpertemperatur mit den Außentemperaturen
und sie werden wieder aktiv.

Dachs, Hamster und Eichhörnchen verbringen den Winter
in einer Winterruhe in ihrem Nest.
Sie haben sich im Herbst Fettvorrate angefressen.
Sie haben aber auch Nüsse und Körner versteckt,
die sie suchen, wenn sie hin und wieder wach werden.

W
I
N
T
E
R